BEI GRIN MACHT SICH IHR WISSEN BEZAHLT

AF167973

- Wir veröffentlichen Ihre Hausarbeit,
  Bachelor- und Masterarbeit

- Ihr eigenes eBook und Buch -
  weltweit in allen wichtigen Shops

- Verdienen Sie an jedem Verkauf

Jetzt bei www.GRIN.com hochladen
und kostenlos publizieren

Bibliografische Information der Deutschen Nationalbibliothek:

Die Deutsche Bibliothek verzeichnet diese Publikation in der Deutschen National-
bibliografie; detaillierte bibliografische Daten sind im Internet über http://dnb.d-
nb.de/ abrufbar.

Impressum:

Copyright © 2018 GRIN Verlag
Druck und Bindung: Books on Demand GmbH, Norderstedt Germany
ISBN: 9783346163462

Dieses Buch bei GRIN:

https://www.grin.com/document/535743

Michelle Kreps

Trainingsplanung für die BMI-Senkung und Steigerung der Watt-Soll-Leistung

Testperson männlich, 25, fortgeschrittene Leistungsstufe

GRIN Verlag

GRIN - Your knowledge has value

Der GRIN Verlag publiziert seit 1998 wissenschaftliche Arbeiten von Studenten, Hochschullehrern und anderen Akademikern als eBook und gedrucktes Buch. Die Verlagswebsite www.grin.com ist die ideale Plattform zur Veröffentlichung von Hausarbeiten, Abschlussarbeiten, wissenschaftlichen Aufsätzen, Dissertationen und Fachbüchern.

Besuchen Sie uns im Internet:

http://www.grin.com/

http://www.facebook.com/grincom

http://www.twitter.com/grin_com

Deutsche Hochschule für

Prävention und Gesundheitsmanagement

Hermann Neuberger Sportschule 3

Einsendeaufgabe

Fachmodul:	Trainingslehre 2
Studiengang:	Gesundheitsmanagement
Datum **Präsenzphase**	**26.11.2018 – 18.11.2018**
Name, Vorname:	Kreps, Michelle
Studienort:	**Düsseldorf**
Semester:	**WS 2017**

Inhaltsverzeichnis

1 Diagnose

1.1 Allgemeine und biometrische Daten

Nach einer ausführlichen Anamnese wurden allgemeine und biometrische Daten der Testperson, die für die optimale Trainingsteuerung notwendig sind, herausgefunden. Diese werden in den folgenden Tabellen dargestellt:

Tab. 1: Allgemeine Daten

Alter	25
Geschlecht	Männlich
Körpergröße	1,78 m
Körpergewicht	83 kg
Trainingsmotive	Der Proband ist in eine neue Stadt gezogen und hat bisher noch keine Vereine für sich gefunden, um seinen Hobbys nachzugehen. Da er nicht pausieren möchte, möchte er im Fitnessstudio seine Ausdauer trainieren und seine Leistung steigern. Außerdem hat er durch den Umzug ein paar Kilos zugenommen und möchte auch diese nun wieder verlieren.
Berufliche Tätigkeit	Zerspanungsmechaniker
Frühere und aktuelle Aktivitäten	Frühere Aktivitäten: Spielte bis vor 5 Jahren noch aktiv 4x die Woche 90min Handball Aktuelle Aktivitäten: Spielt mittlerweile 2x die Woche 90min Handball und 1x die Woche 2h Rudertraining (Hobbyniveau)
Leistungsstufe	Fortgeschritten
Zeitlicher Verfügungsrahmen	3-4x die Woche 60min
Allgemeiner Gesundheitszustand (eventuelle orthopädische und internistische Probleme, ärztliche Behandlungen, Einnahme von Medikamenten)	Er weißt keine gesundheitlichen Einschränkungen auf

Tab. 2: Biometrische Daten

Parameter	Werte	Normwerte	Bewertung
Ruhepuls	57 Schläge/min	Die Normwerte liegen zwischen 60 und 80 S/min (vgl. Weineck, 2003).	Der Ruhepuls der Testperson liegt unterhalb des Normwertes. Das deutet auf ein gut trainierten Leistungszustand.
Blutdruck	119/82 mmHg	Normwerte nach WHO (Abb.1)	Der Blutdruck der Testperson befindet sich normalen Bereich.
Body-Mass-Index	26,2 kg/m²	Normwerte nach WHO (Abb.2)	Die Testperson befindet sich in der Kategorie Präadipositas

Klassifikation	Systolisch	Diastolisch
Optimaler Blutdruck	< 120 mmHg	< 80 mmHg
Normaler Blutdruck	120-129 mmHg	80-84 mmHg
Hoch-Normaler Blutdruck	130-139 mmHg	85-90 mmHg
Hypertonie (Stufe 1)	140-159 mmHg	90-99 mmHg
Hypertonie (Stufe 2)	160-179 mmHg	100-109 mmHg
Hypertonie (Stufe 3)	> =180	> =110 mmHg

Abb. 1: Klassifikation der Blutdruckwerte nach WHO (eigene Darstellung)

Kategorie	BMI
Untergewicht	< 18,5
Normalgewicht	18,5 – 24,9
Präadipositas	25 - 29,9
Adipositas Grad 1	30 – 34,9
Adipositas Grad 2	35 – 39,9
Adipositas Grad 3	> 40

Abb. 2: Gewichtsklassifikation bei Erwachsenen anhand des BMI nach WHO (eigene Darstellung)

1.2 Leistungsdiagnostik/Ausdauertestung

Damit die optimale Leistungsfähigkeit der Testperson ermittelt werden kann, muss eine Leistungsdiagnostik vollzogen werden. Dies kann anhand eines Ausdauertests herausgefunden werden. Dafür müssen mittels Referenzdaten (alters- und geschlechtsspezifische Normwerte) der Leistungszustand ermittelt werden. Es muss das optimale Trainingsgerät bestimmt werden und anhand von Re-Test die Leistungsentwicklung dokumentiert werden. Um die Ausdauerleistungsfähigkeit zu ermittelt, verwendet man die Ergometrie. „Unter Ergometrie versteht man die quantitative Messung und Beurteilung der körperlichen Leistungsfähigkeit und Belastbarkeit von Gesunden und Kranken. Die Ergometrie erfolgt mit einer definierten Belastung, sie soll reproduzierbar sein, dosierbar, vergleichbar und objektiv" (Löllgen, 2009, S.4). Es existiert für jede Leistungsstufe ein individueller Stufentest. Für leistungsschwache und ältere Personen, untrainierte Frauen und Übergewichtige ist der WHO-Test geeignet. Der Hollmann&Venrath-Test hat die Zielgruppe durchschnittlich bis gut trainierte Personen, normal leistungsfähige Männer, trainierte Frauen und älter Personen. Für Fortgeschrittene und leistungsfähige Sportler ist der Vita-Maxima-Tests geeignet.

4

1.2.1 Begründung zur Auswahl des Testverfahrens

Die Testperson wird sich dem Vita-Maxima-Test unterziehen. Mit diesem Testverfahren kann die Leistungsfähigkeit des Herz-Kreislauf-Systems beurteilt werden. Außerdem wird dieses Verfahren bei leistungsstarken und trainierten Personen angewendet. Da man diesen Test bis zur maximalen Ausbelastung durchführt, kann dieses Verfahren nur mit Personen ausgeführt, die keine gesundheitlichen Einschränkungen vorweisen (Tab.1). Zudem benötigt man für den Vita-Maxima-Test eine hohe Motivation zur kompletten Ausbelastung, die die Testperson aufweist. Der WHO-Test ist für die Testperson ungeeignet, da dieses Verfahren für eine andere Zielgruppe ist und er mit dem WHO-Test unterfordert wäre. Bei dem letzten Testverfahren (Hollmann&Venrath-Test) würde die Testperson bei der Pulsobergrenze (180-LA) = (180-25= 155) 155 Schläge pro Minute nicht seine maximalen Herzfrequenz erreichen und dementsprechend auch bei diesem Test unterfordert sein.

1.2.2 Ausführung des Testverfahrens

Tab. 3: Vita-Maxima-Test

Vita-Maxima-Test				
Geschlecht:	männlich	Eingangsbelastung:	50 Watt	
Alter:	25 Jahre	Stufendauer:	3 Minuten	
Testform:	maximal	Belastungssteigerung:	50 Watt	
Gewicht:	83kg	Trittfrequenz:	80-100 U/min	
Ruhepuls:	57 S/min	Pulsobergrenze:	175 S/min	
Eingangstest				
Zeit	Watt	Hf 1	Hf 2	Hf 3
1-3 min	50 Watt	105 S/min	104 S/min	110 S/min
3-6 min	100 Watt	119 S/min	122 S/min	127 S/min
6-9 min	150 Watt	133 S/min	136 S/min	139 S/min
9-12 min	200 Watt	145 S/min	146 S/min	151 S/min
12-15 min	250 Watt	158 S/min	164 S/min	171 S/min
15-18 min	300 Watt	173 S/min	176 S/min	179 S/min
18-21 min	350 Watt	182 S/min	189 S/min	Abbruch
Auswertung				
Watt gesamt		333 Watt		
Watt/Kg		333 Watt/ 83 kg= 4,0 Watt/kg		
Bewertung nach Normtabelle		Freizeit- und Breitensportler		

1.2.3 Bewertung des Vita-Maxima-Tests

Die Testperson ist die sechste Belastungsstufe komplett durchgefahren (300 Watt). Die siebte Belastungsstufe mit 350 Watt musste er aufgrund von Muskelversagen nach 20 Minuten abbrechen. In dieser Stufe erreichte er seine maximale Herzfrequenz von 189 S/min. Die Gesamtleistung der Testperson liegt bei 333 Watt. Zeitinterpoliert: Der Proband hat nach 18 min insgesamt 300 Watt erreicht. Die siebte Belastungsstufe (350) ist er nur Zweidrittel durchgefahren. Aus diesem Grund rechnet man 50 Watt : Zweidrittel= 33 Watt. 33 Watt + 300 Watt= 333 Watt. Um an die Soll-Watt-Leistung zu gelangen, rechnet man relative Wattleistung/ Körpergewicht (333 Watt : 83 kg= 4,01 Watt/kg). Vergleicht man diesen Wert mit der Norm-Soll-Leistungstabelle (Tab. 4) wird die Testperson als Freizeit- und Breitensportler eingestuft.

Relative Wattleistung pro kg Körpergewicht	Bewertung
3 Watt	Durchschnittliche Ausdauerleistungsfähigkeit (Normalbürger)
4 Watt	Freizeit- und Breitensportler
5 Watt	Leistungssportler (Ausdauer)
6 Watt	Hochleistungssportler

Abb. 3: Normwerte Vita-Maxima-Test für Männer (modifiziert nach Kindermann, 1987a, S. 244-268)

1.3 Gesundheits- und Leistungsstatus der Person

Die Testperson weißt keinerlei gesundheitlichen Einschränkungen auf, befindet sich nicht in ärztlicher Behandlung und nimmt auch keine Medikamente ein (Tab.1). Außerdem befinden sich seine biometrischen Daten, wie Blutdruck und Ruhepuls (Tab.2) alle im Normbereich, bis auf der prozentuale Körperfettanteil. Zudem wird der Proband aufgrund des Ergebnisses des Vita-Maxima-Tests als Freizeit- und Breitensportler eingestuft. Seine maximale Herzfrequenz liegt bei 189 S/min und ist daher sehr belastbar. Aufgrund der genannten Aspekte ist der Proband mit seinem optimalen Gesundheits- und Leistungszustands voll belastbar und trainierbar.

2 Zielsetzung/Prognose

Tab. 4: Zielsetzung der Testperson

Ziel	Inhalt	Ausmaß	Zeit	Begründung
1	Gewichtsreduktion	7kg	6 Monate	Die Testperson möchte zum einen sein Körpergewicht senken, da sein Wohlbefinden wieder steigen soll. Und weil das Körpergewicht Einfluss auf die Soll-Watt-Leistung im Vita-Maxima-Test hat.
2	BMI Senkung	<24,5 kg/m²	3 Monate	Da die Testperson sich in der Stufe Präadipositas befindet, hat er ein leicht erhöhtes Risiko für Begleiterkrankung. Um dem entgegen zuwirken, möchte er seinen BMI senken.
3	Leistungssteigerung der Watt-Soll-Leistung	Von Freizeit- und Breitensportler zu Ausdauerleistungssportler. Erhöhung der Soll-Watt-Leistung pro kg Körpergewicht.	10 Monate	Nach dem Ergebnis des Vita-Maxima-Tests wurde der Proband in die Stufe des Freizeit- und Breitensportlers eingestuft, da er sehr ehrgeizig und motiviert ist möchte er seine Soll-Watt-Leistung steigern.

3 Trainingsplanung Mesozyklus

3.1 Grobplanung Mesozyklus

Tab. 5: Grobplanung Mesozyklus

Mesozyklus	
Dauer	6 Wochen
Trainingsziel	Entwicklung der Grundausdauer
Belastungsumfang/ Woche	3-4 Stunden
Trainingsmethoden	• Extensive Dauermethode • Variable Dauermethode • Intensive Dauermethode • Extensive Intervallmethode
Belastungsintensität	• 50-60 % Hf_{Max} (regenerativ) • 45-65 % $Hf_{Reserve}$ (extensiv) • 45-80 % $Hf_{Reserve}$ (variabel) • 70-80 % $Hf_{Reserve}$ (Intensiv) • 80-85 % $Hf_{Reserve}$ (extensive IM, MZI)
Trainingshäufigkeit/Woche	3-4 x pro Woche
Dauer pro TE	• 30-40 min (regenerativ) • 40-60 min (extensiv) • 40-50 min (variable) • 45-50 min (intensiv) • 40-55 min (extensive IM)
Trainingsgeräte	Laufband, Rudergerät und Fahrrad

3.2 Detailplanung Mesozyklus

<u>Trainingsherzfrequenzberechnung nach der Karvonen-Formel:</u>

$THf = (Hf_{Max} - Hf_{Ruhe})$ x Intensität (%) + Hf_{Ruhe}

$Hf_{Reserve} = (Hf_{Max} - Hf_{Ruhe})$

<u>In diesem Fall:</u>

Hf_{Ruhe}: 57 S/min

Hf_{Max}: 220 − 25 = 195 S/min

$Hf_{Reserve}$: 195 − 57 = 138 S/min

Bsp.: $THf = (138$ S/min$)$ x 0,6 + 57 S/min

$THf = 140$ S/min

Die Berechnung der Trainingsherzfrequenz ist für die Detailplanung vom Mesozyklus äußerst relevant. Es wurde bewusst die Karvonen-Formel ausgewählt, da sie den Trainingsstand der Testperson mit berücksichtigt.

Tab. 6: Detailplanung Mesozyklus

Woche 1	Montag	Mittwoch	Freitag	Sonntag
Trainingsziel	Aufbau und Stabilisierung der Grundausdauer1	Entwicklung und Stabilisierung der Grundausdauer 1&2	Aufbau und Stabilisierung der Grundausdauer1	
Trainingsmethode	Extensive DM	Variable DM	Extensive DM	
Trainingsintensität	55-60% $Hf_{reserve}$	55-75% $Hf_{reserve}$ 55-60% extensiv 65-75% intensiv	55-60% $Hf_{reserve}$	
Trainingsherzfrequenz	133-140 S/min	133-146 S/min 133-140 S/min 147-161 S/min	133-140 S/min	
Trainingsdauer	40 min	40 min (5:5)	40 min	
Trainingsgerät	Fahrradergometer	Ruderergometer	Fahrradergometer	
Woche 2	**Montag**	**Mittwoch**	**Freitag**	**Sonntag**
Trainingsziel	GA1	GA1 & GA2	GA1 & GA2	REKOM
Trainingsmethode	Extensive DM	Variable DM	Intensive DM	Extensive DM
Trainingsintensität	55-60% $Hf_{reserve}$	55-75% $Hf_{reserve}$ 55-60% extensiv 65-75% intensiv	70-75% $Hf_{reserve}$	50-60% Hf_{Max}
Trainingsherzfrequenz	133-140 S/min	133-146 S/min 133-140 S/min 147-161 S/min	154-161 S/min	133-140 S/min
Trainingsdauer	40 min	40 min (5:5)	40 min	40 min
Trainingsgerät	Fahrradergometer	Ruderergometer	Laufband	Fahrradergometer
Woche 3	**Montag**	**Mittwoch**	**Freitag**	**Sonntag**
Trainingsziel	GA1	GA1 & GA2	GA1 & GA2	REKOM
Trainingsmethode	Extensive DM	Variable DM	Intensive DM	Extensive DM
Trainingsintensität	55-60% $Hf_{reserve}$	55-75% $Hf_{reserve}$ 55-60% extensiv 65-75% intensiv	70-75% $Hf_{reserve}$	50-60% Hf_{Max}
Trainingsherzfrequenz	133-140 S/min	133-146 S/min 133-140 S/min 147-161 S/min	154-161 S/min	133-140 S/min
Trainingsdauer	50 min	45 min (5:5)	45 min	30 min
Trainingsgerät	Ruderergometer	Watt-Bike	Laufband	Fahrradergometer
Woche 4	**Montag**	**Mittwoch**	**Freitag**	**Sonntag**
Trainingsziel	GA1 & GA2	GA1	Weiterentwicklung der Grundlagenausdauer 2	REKOM
Trainingsmethode	Variable DM	Extensive DM	Extensive IM	Extensive DM
Trainingsintensität	65-80% $Hf_{reserve}$	60-65% $Hf_{reserve}$	80-85 % $Hf_{Reserve}$	50-60% Hf_{Max}

	Montag	Mittwoch	Freitag	Sonntag
	65-70% extensiv 70-80% intensiv			
Trainingsherzfrequenz	147-167 S/min 147-154 S/min 154-167 S/min	140-147 S/min	167-174 S/min	133-140 S/min
Trainingsdauer	40 min (5:5)	60 min	40 min (10 Intervalle a 3 min und 1 min lohnende Pause MZI)	30 min
Trainingsgerät	Laufband	Ruderergometer	Laufband	Fahrradergometer
Woche 5	**Montag**	**Mittwoch**	**Freitag**	**Sonntag**
Trainingsziel	GA1	GA1 & GA2	GA1 & GA2	REKOM
Trainingsmethode	Extensive DM	Variable DM	Intensive DM	Extensive DM
Trainingsintensität	60-65% Hf$_{reserve}$	70-80% Hf$_{reserve}$ 70-75% extensiv 75-80% intensiv	70-75% Hf$_{reserve}$	50-60% Hf$_{Max}$
Trainingsherzfrequenz	140-147 S/min	154-167 S/min 154-161 S/min 161-167 S/min	154-161 S/min	133-140 S/min
Trainingsdauer	60 min	40 min (5:5)	50 min	40 min
Trainingsgerät	Laufband	Ruderergometer	Laufband	Fahrradergometer
Woche 6	**Montag**	**Mittwoch**	**Freitag**	**Sonntag**
Trainingsziel	GA1	GA1 & GA2	Weiterentwicklung der Grundlagenausdauer 2	REKOM
Trainingsmethode	Extensive DM	Intensive DM	Extensive IM	Extensive DM
Trainingsintensität	55-60% Hf$_{reserve}$	70-80% Hf$_{reserve}$	80-85 % Hf$_{Reserve}$	50-60% Hf$_{Max}$
Trainingsherzfrequenz	133-140 S/min	154-167 S/min	167-174 S/min	133-140 S/min
Trainingsdauer	50 min	50 min	50 min (13 Intervalle a 3 min und 1 min lohnende Pause MZI)	40 min
Trainingsgerät	Ruderergometer	Laufband	Watt-Bike	Ruderergometer

3.3 Begründung zum Mesozyklus

3.3.1 Begründung zum angestrebten wöchentlichen Belastungsumfang

Tab. 7: Wöchentlicher Belastungsumfang

Woche	1	2	3	4	5	6
Trainings-einheiten	3	4	4	4	4	4
Dauer	120 min	160 min	170 min	170 min	190 min	200 min

In erster Linie orientiert sich der Belastungsumfang am zeitlichen Verfügungsrahmen der Testperson (Tab.1). Er hat angegeben, dass er 3-4 Mal in der Woche a 60 min Zeit hat. Aufgrund der Zielsetzung Gewichtsreduktion, BMI-Senkung und Steigerung der Watt-Soll-Leistung ist die wöchentliche Belastungsdauer optimal gewählt.

3.3.2 Begründung zu den ausgewählten Trainingsmethoden

1. Extensive Dauermethode:

   Die extensive Dauermethode dient zum Aufbau der Grundausdauer und als Basis, um die GA 2 aufzubauen. In dieser Methode wird ausschließlich in der aeroben Stoffwechsellage trainiert. Dabei liegt der Laktatspiegel bei unter 2 mmol/l (vgl. Hottenrott, 2006; Zintl & Eisenhut, 2001). Außerdem kann mit dieser Methode das Herz-Kreislauf-System ökonomisiert und stabilisiert werden und somit seinen Blutdruck und Ruhepuls (Tab.2) gehalten werden. Außerdem wird sein Fettstoffwechsel angeregt werden.

2. Variable Dauermethode:

   Die variable Dauermethode ist eine Mischform aus der extensiven und intensiven Dauermethode. Dabei findet in einem vorgegebenen Zeitraum eine systematischer Intensitätswechsel. Der größte Vorteil dieser Methode ist eine „verbesserte Umstellung zwischen rein aerober (Glykogen und FFS) und gemischt aerob-anaerober (Glykogen) Energiebereitstellung zu sehen" (Zintl & Eisenhut, 2001).

3. Intensive Dauermethode:

   Die Belastungsintensität befindet sich im Bereich der anaeroben Schwelle. Der Laktatspiegel befindet aufgrund der hohen Intensität und der Umfänge zwischen 4 und 6 mmol/l (vgl. Neumann et al., 2007, S. 132). Da der Proband seine aerobe Kapazität und VO2max erweitern will, ist die intensive Dauermethode die richtige Methode für seine Trainingsplanung.

4. Extensive Intervallmethode:

Normalerweise gehört diese Methode nicht zum gesundheits- und fitnessorientierten Ausdauertraining. Allerdings wird diese Methode benötigt, um den Leistungsstand der Testperson zu steigern. Für den Trainingsplan wird die Mittelzeitintervalle gewählt, da beträgt die Belastungsintensität 85-90% Hfmax, die Belastungsdauer beträgt 1 bis 3 Minuten und die lohnende Pause orientiert sich an der Herzfrequenz (< 130-120 S/min) (vgl. Zintl & Eisenhut, 2001).

3.3.3 Begründung zur Belastungsprogression

Das wichtigste Prinzip der progressiven Belastungssteigerung lautet: Häufigkeit vor Umfang vor Intensität (Zintl & Eisenhut, 2001, S. 111). Wie man in Tabelle 7 sieht wird zuerst die Häufigkeit von drei auf vier Trainingseinheiten gestiegen. Anschließend wird jede Woche die Trainingsdauer um ca. 10% gestiegen. Außerdem wird innerhalb eines Wochenzyklus die Belastung und Erholung abgewechselt. Zu Beginn besteht das Be- und Entlastungsverhältnis 2:1 und ab der dritten Woche 3:1 (vgl. Zintl & Eisenhut, 2001, S. 20).

3.3.4 Begründung zu den angesteuerten Trainingsbereichen

Im Ausdauersport werden vier Kerntrainingsbereiche von einander unterschieden. Regenertions- und Kompensationsbereich (REKOM), Grundlagenausdauerbereich (GA1), Grundlagenausdauerbereich (GA2) und Wettkampfspezifische Ausdauer (WSA). Für die Trainingsplanung der Testperson sind ausschließlich die ersten drei Bereiche relevant. Das WSA-Training ist für das gesundheits- und fitnessorientierte Ausdauertraining irrelevant und wird dementsprechend nicht in die Trainingsplanung integriert (vgl. Hottenrot, 2006). Das REKOM-Training fokussiert sich primär auf die Regeneration nach intensiven Trainingseinheiten. Die bevorzugte Trainingsmethode ist die extensive Dauermethode. Das Ziel des Grundlagenausdauerbereichs 1 ist die Stabilisierung und Verbesserung der GA. Im Folge dessen wird die aerobe Kapazität bzw. die aerobe Leistungsfähigkeit erhöht. In diesem Trainingsbereich sind die bevorzugten Methoden die extensive und variable Dauermethode. Im GA2-Bereich wird die Entwicklung des Sauerstofftransports angesteuert. Die bevorzugten Trainingsmethoden lauten variable und intensive Dauermethode aber auch die extensive Intervallmethode. Dieser Bereich darf nur eingesetzt werden, wenn eine stabile Grundausdauer wirksam ist (Neumann et al., 2007, S.131).

3.3.5 Begründung der ausgewählten Ausdauergeräten bzw. Bewegungsformen

Aufgrund seiner sportlichen Vorgeschichte (Tab.1) wird das Laufband als Ausdauergerät in seinem Trainingsplan integriert. Da die Testperson aktiv Handball spielt und somit viel laufen muss, ist ihm diese Bewegungsform bekannt. Des Weiterem wird das Rude-rergometer in die Trainingsplanung eingesetzt, da er aktuell ein Mal in der Woche Ru-dern geht und seine Leistung steigern möchte (Tab.1). Außerdem ist ihm die Technik be-reits bekannt und es tauchen keine Fehlerbilder auf. Um den Spaß und die Motivation langfristig aufrechtzuerhalten, wird das Fahrradergometer eingesetzt. Zudem möchte er seine Soll-Watt-Leistung im Vita-Maxima-Test verbessern. Außerdem können mit den variablen Trainingsmethoden und den unterschiedlichen Ausdauergeräten verschiedene Belastungsreize zu setzen.

4 Literaturrecherche

Tab. 8: Literaturrecherche: Effekte von Ausdauertraining bei arterieller Hypertonie

	Studie 1	Studie 2
Titel der Studie	„Kardiovaskuläre Effekte eines aeroben versus eines isome-trischen Trainings bei arteriel-ler Hypertonie"	„Effekte eines 12-wöchigen Ausdauertrainings auf die kör-perliche Leistungsfähigkeit und den psychischen Zustand von Patienten mit isolierter sy-stolischer Hypertonie"
Wer hat die Studie durchge-führt	Stergios Vlatsas	Romy Meißner
In welchem Jahr wurde die Studie publiziert	30.05.15	09.09.11
Mit welchen Versuchsperso-nen wurde die Studie durchge-führt	- Einschlusskriterien: Patienten mit arterieller Hypertonie und medikamentösen Therapie oder einem Blutdruck ≥ 140/90 ohne Medikamenteneinnahme (vgl. Vlatsas, 2015, S. 32) - Ausschlusskriterien: regel-mäßige sportliche Aktivitäten, höhergradige periphere Ver-schlusskrankheit (> Stadium 1), ein höhergradiges Aorten-vitium (> 1. Grades), eine hy-	- Einschlusskriterien: Isolierter systolischer Bluthochdruck (systolisch > 140 mmHg, dia-stolisch ≤ 90 mmHg) im Alter von über 60 Jahre (vgl. Meiß-ner, 2011, S.17). - Ausschlusskriterien: Regel-mäßige sportliche Betätigung innerhalb der letzten 12 Wo-chen, Periphere arterielle Ver-schlusskrankheit, Aorteninsuf-fizienz bzw. Stenose > I. Gra-

	pertrophisch obstruktive Kardiomyopathie, eine höhergradige Herzinsuffizienz (> NYHA II), unkontrollierte Herzrhythmusstörungen, ein systolischer Ruheblutdruck ≥ 180 mmHg und/oder ein diastolischer Ruheblutdruck ≥ 110mmHg, keine Teilnahme an anderen klinischen Studien. Angesichts des Faustschlusstrainings waren zusätzlich Patienten mit fortgeschrittener Arthrose in den Händen oder akutem Medianuskompressionssyndrom ausgeschlossen (vgl. Vlatsas, 2015, S.32-33).	des, Hypertrophe obstruktive Kardiomyopathie (HOCM), Herzinsuffizienz > NYHA II, Absolute Arrhythmien mit hämodynamischer Relevanz, Systolischer Blutdruck >180 mmHg, Ischämiezeichen im EKG der Eingangsuntersuchung und Veränderungen der medikamentösen antihypertensiven Therapie in den letzten 6 Wochen (vgl. Meißner, 2011, S.17). - „51 Teilnehmer (27 Kontrollgruppe, davon 16 Männer und 16 Frauen; 24 Trainingsgruppe mit 13 Männern und 11 Frauen)" (Meißner, 2011, S.18).
Wie sah der Versuchsaufbau der Studie aus	-Patientenrekrutierung: 70 Patienten wurden per Zufallsprinzip in drei Gruppen randomisiert -Baseline Untersuchung: 24-Stunden-Langzeitblutdruckmessung, Pulswellenanalyse, Pulswellengeschwindigkeit, zentraler Aortendruck und Herzzeitvolumen -Erste Gruppe: Isometrisches Faustschlusstraining 5xWoche für 12 Wochen -Zweite Gruppe: Kontrollgruppe Placebo Faustschlusstraining 5xWoche für 12 Wochen -Dritte Gruppe: Aerobes Training 30-45 Minuten 5xWoche für 12 Wochen -Follow-up Untersuchung: vgl. Baseline Untersuchung (vgl. Vlatsas, 2015, S.32-33)	- Eingangsuntersuchung: Untersuchung der kardiorespiratorischen Funktion mit Hilfe von Ruhe- und Belastungs-EKG, eine Laufband-Spiroergometrie, eine 24-Stunden-Langzeitblutdruckmessung und eine Echokardiografie des Herzens (vgl. Meißner, 2011, S.19). Bei der Laufband-Spiroergometrie laufen die Teilnehmer 3 Meilen pro Stunde bei 0% Steigung, diese wird jede dritte Minute um 2,5% gestiegen, bis zum Abbruch. - Anschließend werden die Parameter Blutdruck, Herzfrequenz, Laktatkonzentration und die subjektive Befindlichkeit nach der Borg-Skala bewertet (vgl. Meißner, 2011, S.19). - Nach der Eingangsuntersuchung wurden die Teilnehmer per Zufallsgenerator in die Kontroll- und Trainingsgruppe aufgeteilt. - Die Trainingsgruppe absolvierte ein 12-wöchiges Ausdauertraining und die Kontrollgruppe nicht - Trainingsprogramm: dreimal pro Woche durchgeführt (36 Trainingstage). Das Trainingsprogramm wurde nach einem Intervall-Schema durchgeführt. Der Belastungsumfang wurde systematisch gesteigert: → In den ersten fünf Einheiten

		erfolgten Trainingsintervalle von 5 mal 3 Minuten → In den zweiten von 4 mal 5 Minuten → In den dritten von 3 mal 8 Minuten → in den vierten von 3 mal 10 Minuten → in den fünften von 2 mal 15 Minuten → in den sechsten fand eine durchgehende Belastung von 30 bis 40 Minuten statt. → Aktive Pause: 3 Minuten (vgl. Meißner, 2011, S.20-22). - <u>Abschlussuntersuchung</u>: Beide Gruppen müssen sich den selben Untersuchungen, wie in der Eingangsuntersuchung unterziehen (vgl. Meißner, 2011, S.23).
Ergebnisse	Bei der dritten Gruppe stellte man fest, dass das Ausmaß der Blutdrucksenkung in dieser Studie tagsüber -7.2/-3.6 mmHg und nächtlich -6.1/-2.5 mmHg betrug. Beim Faustschlusstraining stellte man keine positiven Effekte auf den Blutdruck fest (vgl. Vlatsas, 2015, S.49).	„Die maximale Leistungsfähigkeit der Patienten in der Trainingsgruppe hat sich nach dem 12-wöchigen Training, wie erwartet, signifikant (von 153,4 ± 12,4 auf 197,7 ± 11,1 Watt, p<0.01) verbessert. Bezüglich des systolischen Blutdruckes (von 185,2 ± 5,7 auf 153,8 ± 5,9 mmHg, p<0.0004), des Laktatwertes (von 1,6 ± 0,2 auf 0,9 ± 0,04 mmol/l, p<0.003), der Herzfrequenz (von 111,4 ± 3,7 auf 92,9 ± 2,8 /min, p<0.0003) sowie des Borg-Wertes (von 11,9 ± 0,3 auf 8,4 ± 0,5, p<0.0001)" (Meißner, 2011, S.43). -In der Kontrollgruppe trat nur bezüglich des systolischen Blutdruckwertes eine signifikante Veränderung (von 189,3 ± 5,6 auf 167,1 ± 5,3 mmHg) auf (Meißner, 2011, S.43).
Schlussfolgerungen	„In dieser Studie wurde ein positiver Einfluss der aeroben körperlichen Aktivität auf den Blutdruck bestätigt. Gleichzeitig wurde eine statistisch signifikante Verbesserung der Gefäßelastizitätsparameter gesehen" (Vlatsas, 2015, S.52).	Laut dieser durchgeführten Studie geht man davon aus, dass man nach 12 Wochen körperlicher Aktivität bereits positive Effekte auf das Senken des Blutdrucks hat.

5 Literaturverzeichnis

Hottenrott, K. (2006). *Trainingskontrolle mit Herzfrequenz-Messgeräten* (1. Aufl.). Aachen: Meyer & Meyer.

Kindermann, W. (1987). Ergometrie-Empfehlungen für die ärztliche Praxis. *Deutsche Zeitschrift für Sportmedizin*, 38, S. 244-268.

Löllgen, H. (2009). *Definition und Methoden.In H. Löllgen, E. Erdmann & A. K. Gitt (2009).Ergometrie.* Heidelberg: Springer.

Meißner, R. (2011). *Effekte eines 12-wöchigen Ausdauertrainings auf die körperliche Leistungsfähigkeit und den psychischen Zustand von Patienten mit isolierter systolischer Hypertonie.* Dissertation, Medizinischen Fakultät Charité – Universitätsmedizin Berlin, Berlin.

Neumann, G., Pfützner, A. & Berbalk, A. (2007). *Optimiertes Ausdauertraining* (5., überarb. Aufl.). Aachen: Meyer & Meyer.

Vlatsas, S. (2015). *Kardiovaskuläre Effekte eines aeroben versus eines isometrischen Trainings bei arterieller Hypertonie.* Dissertation, Medizinische Fakultät Charité-Universitätsmedizin Berlin , Berlin.

Weineck, J. (2003). *Ausdauertraining. Trainingssteuerung über die Herzfrequenz- und Milchsäurebestimmung.* Balingen: Spitta.

WHO. (2000). *Obesity: Preventing and Managing the Global Epidemic – Report of a WHO Consultation:* The Stationery Office Books (Agencies).

Zintl, F. & Eisenhut, A. (2001). *Ausdauertraining. Grundlagen Methoden Trainingssteuerung* (5. überarb. Aufl.). München: BLV.

6 Abbildungs- und Tabellenverzeichnis

6.1 Tabellenverzeichnis

6.2 Abbildungsverzeichnis